Gugelhupf ohne Schnickschnack

EDITION XXL

Inhalt

Vorwort

Omas Kuchen sind die besten – das sind sich alle einig! Wenn sich vor unserem geistigen Auge all die duftenden Leckereien aus Großmutters Backstube aufreihen, ragt meist ein ganz besonderer Klassiker heraus: der Gugelhupf. Dieser klassische und optisch äußerst ansprechende Kuchen gehörte früher auf jede Kaffeetafel. Die traditionelle Variante mit Hefe und Rosinen wurde schon bald ergänzt: Marmor-, Schoko- und Nuss-Gugelhupf waren eigentlich Napfkuchen, die sich nun auch Gugelhupf nennen dürfen, da sie schließlich in der typischen Form gebacken werden.

Der Duft eines frisch gebackenen Gugelhupfs weckt Heimatgefühle und Erinnerungen an vergangene Zeiten, als das Leben noch beschaulicher war. Dies ist neben dem guten Geschmack der Grund, warum Omas Kuchen heute wieder so beliebt sind. Zum Glück erleichtern uns inzwischen moderne Küchengeräte die Arbeit und es ist viel einfacher als früher, einen selbstgebackenen Kuchen zu servieren. Mit den Rezepten, die ich in diesem Buch für Sie zusammengestellt habe, können Sie die schönsten Gugelhupfe ganz leicht nachbacken. Sie enthalten Zutaten, die Sie entweder vorrätig haben oder problemlos beschaffen können. Überraschen Sie Ihre Familie oder Freunde doch einmal mit einem Apfel-Walnuss-Gugelhupf oder mit einem eindrucksvollen Schwarzwälder-Kirsch-Gugelhupf. Oder wie wäre es mit einem pikanten Speck-Gugelhupf zu einem Gläschen Wein in geselliger Runde?

Probieren Sie es aus und finden Sie Ihren Lieblings-Gugelhupf. Und freuen Sie sich, wenn Sie dann das schönste Kompliment bekommen: Schmeckt wie früher!

Viel Vergnügen beim Backen wünscht Ihnen

Elisabeth Bangert

Ratgeber

Damit Ihr Gugelhupf auch sicher gelingt, ist es wichtig, das Rezept genau durchzulesen, bevor Sie mit dem Backen beginnen. Denn nur dann können Sie sicher sein, dass Sie alle benötigten Zutaten zur Hand haben. Weiterhin ist es sinnvoll, vor Backbeginn die Zutaten abzumessen und bereitzustellen.

Praktische Helfer

Folgende Utensilien benötigen Sie zum Backen:

- Küchenwaage zum Abwiegen der Zutaten
- Messbecher mit kleiner Einteilung
- Rührschüsseln, am besten aus Kunststoff und mit abgerundetem Boden
- Rührlöffel in verschiedenen Größen
- Schneebesen
- feines Metallsieb zum Sieben von Mehl
- Teigschaber, Kuchenpinsel und Nudelholz
- Handrührgerät mit Rührbesen und Knethaken oder Küchenmaschine

Backformen

Ein Gugelhupf wird in der typischen Gugelhupfform mit einem „Kamin" in der Mitte gebacken. Dieser sorgt dafür, dass sich die Wärme gleichmäßig verteilt. Gugelhupfformen gibt es in verschiedenen Materialien.

Tipp:

Vor dem Einfüllen des Teiges sollten Sie die Backform gut mit Butter oder Margarine einfetten und mit Mehl oder Semmelbröseln ausstreuen. Dann lässt sich der Kuchen leicht aus der Form lösen. Bei Silikonformen ist das Einfetten nicht nötig.

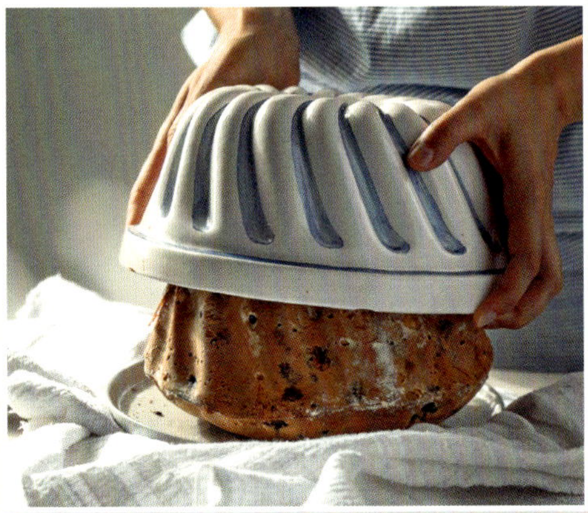

Backzutaten

Einige Zutaten, wie z.B. frische Früchte, müssen vor dem Backen besorgt werden, andere wiederum hat man in der Regel vorrätig. Die folgenden Zutaten kommen in den meisten Rezepten vor:

- Butter oder Margarine: Beide Fette sind zum Backen geeignet. Nehmen Sie Butter rechtzeitig vor Backbeginn aus dem Kühlschrank, damit sie zimmerwarm ist.
- Backpulver: Es sorgt dafür, dass der Teig aufgeht und locker wird. Man verwendet Backpulver für Rührteige.
- Eier: Achten Sie darauf, nur frische Eier zum Backen zu verwenden. Wenn Sie die Eier nacheinander einzeln aufschlagen, bevor Sie sie zum Teig geben, können Sie die Frische prüfen.
- Hefe: Gibt es in Form von Frischhefe oder Trockenhefe. Verwenden Sie möglichst frische Hefe, da sie über eine bessere Gärkraft verfügt.

Tipp:

Hefeteig zum Gehen immer mit einem Tuch abdecken, um Zugluft zu vermeiden. Sonst besteht die Gefahr, dass der Teig zusammenfällt.

- Mehl: Für die meisten Rezepte genügt einfaches Haushaltsmehl, also Weizenmehl Type 405. Sieben Sie es möglichst, damit keine Klümpchen entstehen und der Teig lockerer wird.
- Nüsse und Mandeln: Sie verleihen dem Gugelhupf eine kräftige Geschmacksnote. Besonders aromatisch schmeckt der Kuchen, wenn Sie die Nüsse oder Mandeln vor der Verwendung kurz anrösten.
- Puderzucker: Dieser sehr fein gemahlene Zucker sollte immer gesiebt werden. Er eignet sich besonders gut zum Bestäuben des fertigen Gugelhupfs oder zur Herstellung eines Zuckergusses.
- Schokolade: Sie wird meist in Form von Raspelschokolade dem Teig zugegeben. Sie können aber auch Tafel- oder Blockschokolade selbst reiben oder raspeln.
- Trockenfrüchte: Rosinen, getrocknete Aprikosen, Feigen und andere Trockenfrüchte können in Rum oder – wenn Kinder mitessen – in Apfelsaft eingeweicht werden. Bevor sie dem Teig zugegeben werden, sollten sie aber ausgedrückt werden.

- Vanille: Das Mark einer Vanilleschote ist wesentlich geschmacksintensiver als künstliches Aroma. Schlitzen Sie die Schote mit einem scharfen Messer der Länge nach auf und kratzen Sie das Mark heraus.
- Zitronenschale: Die abgeriebene Schale einer Zitrone verleiht dem Teig ein fruchtiges Aroma. Achten Sie aber unbedingt darauf, dass die Zitronen unbehandelt sind!
- Zucker: Für die meisten Rezepte wird normaler, feinkörniger Haushaltszucker verwendet. Sie können ihn teilweise durch Rohrzucker ersetzen, der einen leicht karamellartigen Geschmack hat.

Garprobe

Die in den Rezepten angegebenen Backzeiten sind Circa-Angaben, denn jeder Backofen hat individuelle Backeigenschaften. Um festzustellen, ob der Gugelhupf wirklich gar ist, machen Sie am besten die Stäbchenprobe: Stechen Sie mit einem Holzstäbchen in die dickste Stelle des Kuchens. Beim Herausziehen darf kein Teig mehr an dem Stäbchen kleben bleiben.

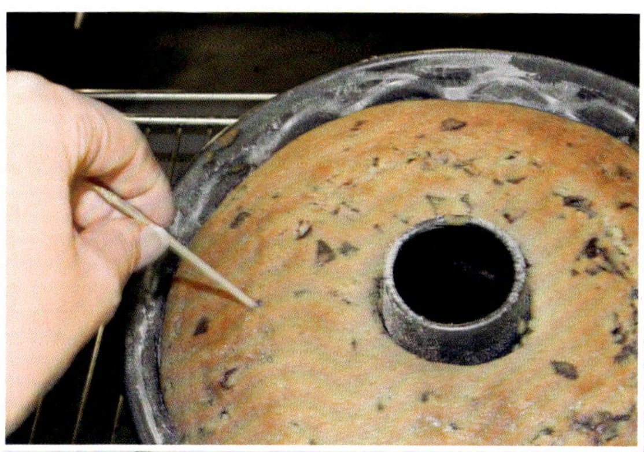

Klassischer Gugelhupf

Der Gugelhupf ist ein echter Kuchenklassiker, den man sofort an seiner traditionellen Form erkennt. Dieser Form hat er vermutlich auch seinen Namen zu verdanken: Sie ähnelt einer Kapuze, die auf Mittelhochdeutsch „Gugel" heißt, was sich wiederum aus dem lateinischen „cucullus" für „Kapuze" ableitet. Man nimmt an, dass der zweite Wortteil von dem Verb „hüpfen" stammt, da der Kuchen stark aufgeht, also quasi aus der Form „hüpft". Die Verbindung zur Kapuze könnte daher kommen, dass der Kuchen in Klosterküchen gebacken wurde und an die Form der Mönchskapuze erinnert – oder dass er sich wie eine Kapuze hebt.

Den Ursprung des Gugelhupfs reklamieren die Elsässer für sich. Einer Legende nach rasteten die Heiligen Drei Könige auf dem Rückweg von Bethlehem im elsässischen Ribeauvillée. Dort wurde ihnen zur Begrüßung ein Kuchen gereicht, dessen Form ihrem Turban ähnelte: ein Gugelhupf. Seitdem wird dort jedes Jahr das Gugelhupffest gefeiert.

Den traditionellen Gugelhupf findet man noch heute in zahlreichen Bäckereien im Elsaß.

Tatsächlich wurden bei Ausgrabungen gugelhupfähnliche Formen aus Bronze und Kupfer gefunden, die auf die Römerzeit zurückgehen. Rezepte sind allerdings erst ab dem 17. Jahrhundert nachweisbar. Um diese Zeit herum begann man auch, Hefe für Backwaren zu züchten. Vorher war Hefe ein Abfallprodukt von Brauereien, das an Bäckereien verkauft wurde. Aus diesem Grund wurde der Gugelhupf lange Zeit auch „Bierbrot" genannt.

Die typische Gugelhupfform ist hoch, damit der Teig „hüpfen" kann und hat in der Mitte eine kaminähnliche Aussparung, damit sich die Wärme gleichmäßig verteilt.

War der Gugelhupf urspünglich ein „Arme-Leute-Kuchen", da seine Zutaten leicht zugänglich und erschwinglich waren, so gewann er in Deutschland und Österreich während der Biedermeierzeit auch in „höheren Kreisen" zunehmend an Beliebtheit. Er wurde bei festlichen Anlässen gerne mit feinen Zutaten angereichert.

Heute genießt man den Gugelhupf in allen möglichen Varianten: aus Rührteig, aus Biskuitteig und natürlich ganz klassisch aus Hefeteig. Auf den nächsten Seiten finden Sie das Grundrezept für einen Hefe-Gugelhupf, wie ihn schon Großmutter gebacken hat.

Zutaten:

für 1 Gugelhupfform (22 cm Durchmesser)

100 g Rosinen
2 EL Rum (oder Apfelsaft)
30 g frische Hefe
250 ml lauwarme Milch
120 g Zucker

150 g weiche Butter oder Margarine
1 Prise Salz
3 Eier
500 g Weizenmehl

Außerdem:
Fett für die Form
Mandelblättchen zum Ausstreuen
Puderzucker zum Bestäuben

Zubereitung:

1. Die Rosinen in dem Rum oder Apfelsaft einweichen. Die Gugelhupfform mit Butter oder Margarine gut einfetten und den Boden mit Mandelblättchen ausstreuen.

2. Die Hefe in die lauwarme Milch bröckeln und mit 2 Esslöffeln des Zuckers so lange verrühren, bis sich die Hefe aufgelöst hat. Die Hefemilch ca. 10 Minuten stehen lassen, damit der Gärprozess in Gang kommt.

3. In der Zwischenzeit in einer großen Schüssel die Butter oder Margarine mit dem restlichen Zucker und dem Salz cremig rühren. Die Eier nach und nach dazugeben und gut unterrühren.

4. Dann das Mehl und die Hefemilch hinzufügen und alles einige Minuten zu einem geschmeidigen Teig verkneten.

5. Die Einweichflüssigkeit der Rosinen abgießen und die Rosinen mit etwas Mehl bestäuben. Den Teig aus der Schüssel auf eine bemehlte Arbeitsfläche geben und mit den Händen die Rosinen unter den Teig kneten.

6. Den Teig in die vorbereitete Gugelhupfform legen und an einem warmen Ort ca. 1 Stunde gehen lassen. Der Teig sollte bis zur oberen Kante der Gugelhupfform aufgegangen sein.

7. Den Backofen auf 175 °C (Umluft 155 °C) vorheizen und den Gugelhupf ca. 45 Minuten backen. Nach Ende der Backzeit den Kuchen in der Form auskühlen lassen. Dann vorsichtig auf ein Kuchengitter stürzen und mit Puderzucker bestäuben.

Tipp:

Es ist sehr wichtig, dass die Form gut eingefettet und mit Mandeln, Mehl oder Semmelbröseln ausgestreut wird. Sonst kann es passieren, dass sich der Kuchen nicht richtig von der Form löst und zerbricht.

* Plus 1 Stunde Gehzeit für den Teig.

Tipp:

Wenn keine Kinder mitessen, können Sie den Marmorkuchen zusätzlich mit 2 EL Rum verfeinern. Mischen Sie diesen unter den dunklen Teig und verarbeiten Sie ihn wie im Rezept beschrieben weiter.

90 Minuten

Marmor-Gugelhupf

Zutaten:

Für 1 Gugelhupfform (22 cm Durchmesser)

250 g weiche Butter oder Margarine
220 g Zucker
1 Päckchen Vanillezucker
1 Prise Salz
5 Eier
500 g Mehl
1 Päckchen Backpulver
120 ml Milch
3 EL Kakaopulver

Außerdem:

Fett und Mehl für die Form
Puderzucker zum Bestäuben

Zubereitung:

1. Den Backofen auf 180 °C (Umluft 160 °C) vorheizen. Die Butter oder die Margarine mit dem Zucker, dem Vanillezucker und dem Salz cremig schlagen. Die Eier nach und nach dazugeben und gut verrühren. Das Mehl mit dem Backpulver vermischen und zusammen mit der Milch ebenfalls dazugeben und gut verrühren.

2. Den Teig in zwei Hälften teilen und die eine Hälfte mit dem Kakaopulver vermischen.

3. Eine Gugelhupfform einfetten und mit Mehl ausstäuben. Den hellen und den dunklen Teig abwechselnd in die Form füllen und glatt streichen. Im vorgeheizten Backofen 50–60 Minuten backen. Der Kuchen ist fertig, wenn die Stäbchenprobe gelingt: An einem in den Teig gesteckten Holzstäbchen darf nach dem Herausziehen kein Teig mehr kleben bleiben.

4. Den Kuchen in der Form auskühlen lassen, auf ein Kuchengitter stürzen und mit Puderzucker bestäuben.

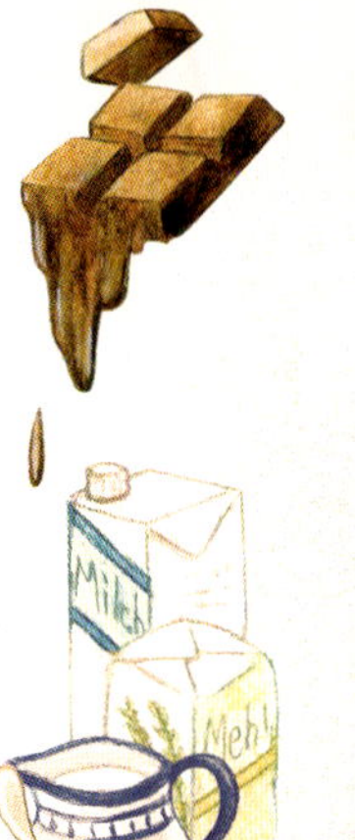

Marzipan-Gugelhupf mit Nüssen

105 Minuten

Zutaten:

Für 1 Gugelhupfform (22 cm Durchmesser)

120 g Walnüsse
120 g Mandeln
120 g Haselnüsse
150 g Marzipanrohmasse
250 g weiche Butter oder Margarine
200 g Rohrohrzucker
1 Päckchen Vanillezucker
5 Eier
350 g Mehl
1 Päckchen Backpulver
abgeriebene Schale und Saft einer unbehandelten Zitrone

Außerdem:

Fett und Mehl für die Form
Puderzucker zum Bestäuben

Zubereitung:

1. Den Backofen auf 180 °C (Umluft 160 °C) vorheizen. Eine Gugelhupfform einfetten und mit Mehl ausstäuben.

2. Die Nüsse in einer Pfanne ohne Fett rösten und anschließend grob hacken. Die Marzipanrohmasse in kleine Würfel schneiden.

3. Die Butter oder Margarine mit dem Zucker und dem Vanillezucker cremig rühren. Die Eier nach und nach hinzufügen und alles schaumig schlagen. Das Mehl und das Backpulver vermischen und zusammen mit den Marzipanwürfeln, der Zitronenschale und dem -saft unter den Teig rühren. Als Letztes die Nüsse dazugeben und unterheben.

4. Den Teig in die vorbereitete Gugelhupfform füllen und im vorgeheizten Backofen ca. 70 Minuten backen. Der Kuchen ist fertig, wenn die Stäbchenprobe gelingt: An einem in den Teig gesteckten Holzstäbchen darf nach dem Herausziehen kein Teig mehr kleben bleiben.

5. Den Kuchen aus dem Ofen nehmen und in der Form ca. 15 Minuten abkühlen lassen. Vorsichtig auf ein Kuchengitter stürzen und mit Puderzucker bestäuben.

Tipp:

Die getrockneten Aprikosen können Sie durch jede andere Art von Trockenfrüchten ersetzen: Nehmen Sie statt 125 g getrockneten Aprikosen einfach die gleiche Menge getrocknete Pflaumen, Feigen oder Datteln und verarbeiten Sie sie wie im Rezept angegeben weiter.

Gugelhupf mit Aprikosen

75 Minuten*

Zutaten:

Für 1 Gugelhupfform (24 cm Durchmesser)

1 Würfel Hefe
80 g Zucker
125 ml Milch
3 Eier
500 g Mehl
8 EL Pflanzenöl *(z. B. von Mazola)*
abgeriebene Schale von
½ unbehandelten Zitrone
1 Prise Salz
125 g getrocknete Aprikosen
50 g Mandelsplitter

Außerdem:

Fett und Mehl für die Form
Puderzucker zum Bestäuben

Zubereitung:

1. Den Backofen auf 200 °C (Umluft 180 °C) vorheizen. Eine Gugelhupfform einfetten und mit Mehl ausstäuben.

2. Die Hefe zerbröckeln und mit 1 Teelöffel Zucker in lauwarmer Milch auflösen. Zugedeckt an einer warmen Stelle 10 Minuten gehen lassen. Den restlichen Zucker und die Eier mit der Hefemilch verrühren. Das Mehl, das Keimöl, die Zitronenschale und das Salz dazugeben und alles gut verkneten.

3. Den Teig zugedeckt an einem warmen Ort ca. 45 Minuten gehen lassen. Die Aprikosen in Würfel schneiden und mit 40 g Mandelsplittern unter den Teig kneten.

4. Den Boden der vorbereiteten Gugelhupfform mit den restlichen Mandelsplittern auslegen und den Teig hineinfüllen. Den Teig in der Form nochmals ca. 30 Minuten gehen lassen. Im vorgeheizten Backofen ca. 40 Minuten backen.

5. Den Gugelhupf in der Form abkühlen lassen, auf ein Kuchengitter stürzen und mit Puderzucker bestäuben.

* Plus ca. 85 Minuten Gehzeit für den Teig.

Wiener Gugelhupf

Zutaten:

Für 1 Gugelhupfform (22 cm Durchmesser)

250 g weiche Butter oder Margarine
150 g Zucker
2 TL Bourbon-Vanillezucker
4 Eier
100 g Speisestärke *(z. B. von Mondamin)*

300 g Mehl
3 TL Backpulver
3 EL Milch
4 EL Rum (ersatzweise Milch)
50 g kandierte Kirschen
100 g gemahlene Mandeln

50 g Rosinen
50 g Korinthen

Außerdem:
Fett und Mehl für die Form
Puderzucker zum Bestäuben

Zubereitung:

1. Den Backofen auf 175 °C (Umluft 155 °C) vorheizen. Eine Gugelhupfform einfetten und mit Mehl ausstreuen.

2. Die weiche Butter oder Margarine in eine Schüssel geben. Den Zucker, den Vanillezucker, die Eier, die Speisestärke, das Mehl, das Backpulver und die Milch dazugeben und alles mit einem Handrührgerät auf höchster Schaltstufe ca. 2 Minuten gut verrühren.

3. Den Rum, die gewürfelten kandierten Kirschen, die Mandeln, die Rosinen und die Korinthen unter den Teig mischen.

4. Den Teig in die vorbereitete Gugelhupfform füllen und im vorgeheizten Backofen ca. 60 Minuten backen.

5. Nach dem Backen den Kuchen in der Form abkühlen lassen, auf einen Rost stürzen, erkalten lassen und mit Puderzucker gleichmäßig bestäuben.

Wussten Sie schon …

… dass der Wiener Gugelhupf schon in der Biedermeierzeit gerne gegessen wurde? Auch Kaiser Franz Joseph liebte ihn als Frühstückskuchen. Heute ist der Gugelhupf in Wien ein fester Bestandteil der Frühstückstafel an Sonn- und Feiertagen.

Kartoffel-Gugelhupf

Zutaten:

Für 1 Gugelhupfform (22 cm Durchmesser)

400 g mehligkochende Kartoffeln
250 g weiche Butter oder Margarine
250 g Zucker
1 Päckchen Vanillezucker

5 Eier
350 g Mehl
1 Päckchen Backpulver
100 g gemahlene Mandeln
50 g gehackte Pistazien
100 g Rosinen

Außerdem:
Fett und Mehl für die Form

100 Minuten

Zubereitung:

1. Die Kartoffeln schälen, in Stücke schneiden und in kochendem Wasser ca. 20 Minuten garen. Dann die Kartoffeln abschütten, ausdampfen und abkühlen lassen.

2. Eine Gugelhupfform einfetten und mit Mehl ausstäuben. Den Backofen auf 180 °C (Umluft 160 °C) vorheizen.

3. Die Butter oder die Margarine mit dem Zucker und dem Vanillezucker cremig rühren. Die Eier nach und nach dazugeben und alles schaumig schlagen. Die Kartoffeln durch die Kartoffelpresse drücken und dazugeben. Das Mehl mit dem Backpulver und den gemahlenen Mandeln vermischen, ebenfalls dazugeben und alles kurz verrühren. Dann die Pistazien und die Rosinen unterheben.

4. Den Teig in die Gugelhupfform füllen und glatt streichen. Im vorgeheizten Backofen ca. 50 Minuten backen. Falls die Oberfläche zu dunkel wird, den Kuchen zwischendurch abdecken. Den Gugelhupf in der Form ca. 15 Minuten auskühlen lassen und dann vorsichtig auf ein Kuchengitter stürzen.

Tipp:

Bestreichen Sie den Kuchen mit einem Rote-Bete-Guss: Rühren Sie 200 g Puderzucker mit 4–5 Esslöffeln Rote-Bete-Saft glatt und verteilen Sie den Guss auf dem Gugelhupf.

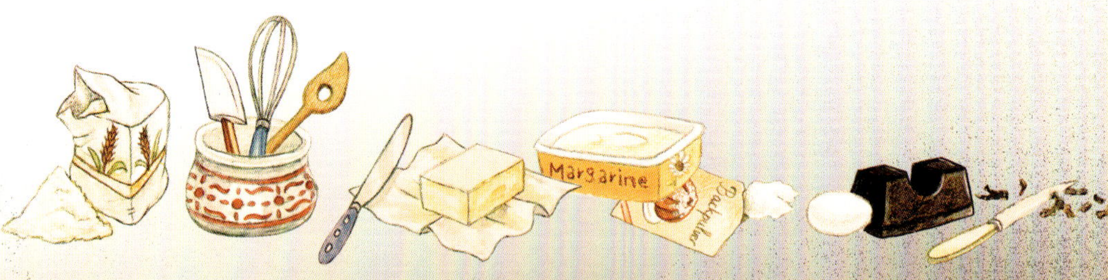

Margarine

Quark-Gugelhupf

80 Minuten

Zutaten:

Für 1 Gugelhupfform (22 cm Durchmesser)

250 g Magerquark
6 EL Apfelsaft
100 g Rosinen
200 g weiche Butter oder Margarine
150 g Zucker
1 Päckchen Vanillezucker
2 Eier
150 g Schmand
350 g Mehl
1 Päckchen Backpulver
100 g geschälte, gemahlene Mandeln

Außerdem:

Fett und Semmelbrösel für die Form
Mehl für die Rosinen
Puderzucker zum Bestäuben

Zubereitung:

1. Den Quark in ein Sieb geben und gut abtropfen lassen. Den Apfelsaft erwärmen und die Rosinen darin einweichen. Die Form einfetten und mit Semmelbröseln ausstreuen. Den Backofen auf 200 °C (Umluft 180 °C) vorheizen.

2. Die Butter mit dem Zucker und dem Vanillezucker cremig schlagen. Die Eier nacheinander dazugeben und gut verrühren. Den abgetropften Quark und den Schmand unterrühren. Das Mehl mit dem Backpulver vermischen und zusammen mit den Mandeln dazugeben und ebenfalls unterrühren. Die Rosinen abtropfen lassen, in etwas Mehl wenden und unter den Teig heben.

3. Den Teig in die Form füllen und glatt streichen. Im vorgeheizten Backofen auf der unteren Schiebeleiste ca. 45 Minuten backen. Der Kuchen ist fertig, wenn die Stäbchenprobe gelingt: An einem in den Teig gesteckten Holzstäbchen darf nach dem Herausziehen kein Teig mehr kleben bleiben.

4. Den Kuchen aus dem Ofen nehmen, in der Form ca. 15 Minuten abkühlen lassen, auf ein Kuchengitter stürzen und mit Puderzucker bestäuben.

Tipp:

Zu dem Himbeer-Joghurt-Gugelhupf passt sehr gut eine fruchtige Himbeersahne: 50 g Himbeeren mit 1 Esslöffel Puderzucker fein pürieren. 1 Becher süße Sahne steif schlagen und das Himbeerpüree untermischen.

Himbeer-Joghurt-Gugelhupf

100 Minuten

Zutaten:

Für 1 Gugelhupfform (22 cm Durchmesser)

225 g Himbeer-Joghurt
250 g Zucker
1 Päckchen Vanillezucker
1 Prise Salz
6 Eier
250 ml Pflanzenöl (z. B. Rapsöl)
250 g Mehl
250 g Weichweizengrieß
1 Päckchen Backpulver
60 g Kokosraspel

Für den Guss:

200 g Puderzucker
5–6 EL Himbeersaft

Außerdem:

Fett und Mehl für die Form
1 EL Kokosraspel

Zubereitung:

1. Den Backofen auf 175 °C (Umluft 155 °C) vorheizen. Eine Gugelhupfform einfetten und mit Mehl ausstäuben.

2. Den Joghurt in eine große Schüssel geben und zusammen mit dem Zucker, dem Vanillezucker und dem Salz cremig rühren. Die Eier nach und nach dazugeben und alles schaumig schlagen. Das Öl ebenfalls unterrühren.

3. Das Mehl mit dem Weichweizengrieß und dem Backpulver vermischen und zusammen mit den Kokosraspeln ebenfalls dazugeben und gut verrühren.

4. Den Teig in die vorbereitete Gugelhupfform füllen und glatt streichen. Im vorgeheizten Backofen ca. 60 Minuten backen. Der Kuchen ist fertig, wenn die Stäbchenprobe gelingt: An einem in den Teig gesteckten Holzstäbchen darf nach dem Herausziehen kein Teig mehr kleben bleiben. Den Kuchen in der Form ca. 15 Minuten auskühlen lassen und dann vorsichtig auf ein Kuchengitter stürzen.

5. Für den Guss den Puderzucker mit dem Himbeersaft verrühren. Den Gugelhupf mit dem Guss bestreichen und mit Kokosraspeln bestreuen.

Süßer Kürbis-Gugelhupf mit Walnüssen

100 Minuten

Zutaten:

Für 1 Gugelhupfform (22 cm Durchmesser)

4 Eier
250 g weiche Butter oder Margarine
150 g Zucker
1 TL Zimt
300 g Vollkorn-Weizenmehl
½ Päckchen Backpulver
100 g gemahlene Walnüsse
350 g Kürbisfruchtfleisch
1 Prise Salz

Außerdem:

Fett und Semmelbrösel für die Form
Puderzucker zum Bestäuben

Zubereitung:

1. Die Eier und die Butter rechtzeitig aus dem Kühlschrank nehmen. Sie müssen zimmerwarm sein. Den Backofen auf 180 °C (Umluft 160 °C) vorheizen.

2. Die Eier trennen. Die Butter oder Margarine schaumig rühren, den Zucker und den Zimt dazugeben und nach und nach die Eigelbe unterrühren. Die Eiweiße beiseitestellen. Das Mehl, das Backpulver und die gemahlenen Walnüsse vermischen und unter die Butter-Ei-Masse rühren.

3. Das Kürbisfruchtfleisch fein raspeln und unter den Teig heben. Die Eiweiße mit dem Salz steif schlagen und vorsichtig unter den Kuchenteig heben.

4. Die Gugelhupfform einfetten und mit den Semmelbröseln ausstreuen. Dann den Teig einfüllen und im vorgeheizten Backofen ca. 60 Minuten backen. Den Kuchen aus dem Ofen nehmen, ca. 10 Minuten abkühlen lassen und vorsichtig auf ein Kuchengitter stürzen. Mit etwas Puderzucker bestäuben.

Tipp:

Nehmen Sie am besten Hokkaido-Kürbis: Durch seine orangerote Farbe verleiht er auch dem Gugelhupf ein frisches Aussehen. Butternuss-Kürbisse sind aber ebenfalls gut geeignet.

Bananen-Gugelhupf mit Zimt-Haselnuss-Glasur

Zutaten:

Für 1 Gugelhupfform (22 cm Durchmesser)

4 reife Bananen
220 g weiche Butter oder Margarine
250 g Zucker
1 Päckchen Vanillezucker
2 Eier
375 g Mehl
1 Päckchen Backpulver
1 Prise Salz
250 g saure Sahne

Für die Glasur:
100 g Puderzucker
½ TL gemahlener Zimt
3–4 TL Wasser
30 g gehackte Haselnüsse

Außerdem:
Fett und Mehl für die Form

Zubereitung:

1. Den Backofen auf 180 °C (Umluft 160 °C) vorheizen. Eine Gugelhupfform gut einfetten und mit Mehl ausstreuen. Die Bananen schälen und mit einer Gabel zerdrücken.

2. Die Butter mit dem Zucker und dem Vanillezucker cremig rühren. Nach und nach die Eier hineingeben und die Masse schaumig schlagen. Die zerdrückten Bananen unterheben und alles zu einem glatten Teig verrühren.

3. Das Mehl und das Backpulver in eine Schüssel sieben, das Salz dazugeben und alles gut vermischen. Die Hälfte dieser Mischung sowie die saure Sahne zu der Bananenmasse geben und gut verrühren. Dann das restliche Mehl hinzufügen und unterheben.

4. Den Teig in die gefettete Form füllen, glatt streichen und im vorgeheizten Backofen ca. 60 Minuten backen. Eventuell nach der Hälfte der Backzeit die Kuchenoberfläche mit einem Stück Alufolie bedecken, damit der Kuchen nicht zu dunkel wird. Der Kuchen ist fertig, wenn die Stäbchenprobe gelingt: An einem in den Teig gesteckten Holzstäbchen darf nach dem Herausziehen kein Teig mehr kleben bleiben. Nach Ende der Backzeit den Kuchen in der Form auskühlen lassen und danach auf ein Kuchengitter stürzen.

5. Für den Guss den Puderzucker mit dem Zimt und so viel Wasser verrühren, dass eine dickliche, zähflüssige Masse entsteht. Den Kuchen mit dem Guss bestreichen und mit den gehackten Haselnüssen bestreuen.

Gugelhupf mit Erdbeeren

Zutaten:

Für 1 Gugelhupfform (22 cm Durchmesser)

90 Minuten

400 g Erdbeeren
1 EL Mehl
6 Eier
1 Prise Salz
200 g Zucker
140 g Mehl
½ TL Backpulver
100 g Speisestärke
70 ml Milch

Außerdem:
Fett und Mandelblättchen für die Form
Puderzucker zum Bestäuben

Zubereitung:

1. Den Backofen auf 180 °C (Umluft 160 °C) vorheizen. Eine Gugelhupfform einfetten und mit Mandelblättchen ausstreuen. Die Erdbeeren waschen, putzen, in kleine Stücke schneiden und mit 1 Esslöffel Mehl bestäuben.

2. Die Eier trennen und die Eiweiße mit dem Salz steif schlagen, dabei allmählich die Hälfte des Zuckers einrieseln lassen. In einer anderen Schüssel die Eigelbe mit dem restlichen Zucker verrühren. Das Mehl mit dem Backpulver und der Speisestärke vermischen und abwechselnd mit der Milch unter die Eigelbmasse rühren. Die bemehlten Erdbeerstückchen ebenfalls dazugeben. Zum Schluss den Eischnee vorsichtig unterheben.

3. Den Teig in die vorbereitete Form füllen und glatt streichen. Den Gugelhupf im vorgeheizten Backofen ca. 50 Minuten backen. Der Kuchen ist fertig, wenn die Stäbchenprobe gelingt: An einem in den Teig gesteckten Holzstäbchen darf nach dem Herausziehen kein Teig mehr kleben bleiben.

4. Den Kuchen aus dem Ofen nehmen, in der Form ca. 10 Minuten abkühlen lassen und vorsichtig auf ein Kuchengitter stürzen. Mit etwas Puderzucker bestäuben.

Gugelhupf mit Blaubeeren

75 Minuten

Zutaten:

Für 1 Gugelhupfform (22 cm Durchmesser)

250 g Butter
225 g Rohrzucker
1 Päckchen Vanillezucker
125 g Kokosraspel
175 g Mehl
1 Päckchen Backpulver
1 Prise Salz
5 Eier
100 g Blaubeeren

Für die Glasur:
100 g Puderzucker
50–60 ml cremige Kokosmilch (aus der Dose)
Kokosflocken zum Bestreuen

Außerdem:
Fett und Mehl für die Form

Zubereitung:

1. Den Backofen auf 180 °C (Umluft 160 °C) vorheizen. Eine Gugelhupfform gut einfetten und mit Mehl ausstreuen.

2. Die Butter in einem Topf langsam schmelzen lassen und anbräunen. Anschließend durch ein Sieb gießen und mit dem Zucker, dem Vanillezucker sowie den Kokosraspeln verrühren. Abkühlen lassen.

3. Das Mehl und das Backpulver in eine Schüssel sieben, das Salz dazugeben und alles vermischen. Zuerst die Eier unter die abgekühlte Buttermischung rühren, dann die Mehlmischung dazugeben und alles gut durchrühren.

4. Den Teig in die vorbereitete Form füllen und die Blaubeeren hineindrücken. Dabei sollten die Beeren nicht zu nah am Rand der Form liegen. Den Gugelhupf im vorgeheizten Backofen 35–40 Minuten backen. Der Kuchen ist fertig, wenn die Stäbchenprobe gelingt: An einem in den Teig gesteckten Holzstäbchen darf nach dem Herausziehen kein Teig mehr haften. Nach Ende der Backzeit den Kuchen in der Form auskühlen lassen und danach auf ein Kuchengitter stürzen.

5. Für den Guss den Puderzucker mit so viel Kokosmilch verrühren, bis eine dickliche, zähflüssige Masse entsteht. Den Kuchen mit dem Guss bestreichen und mit Kokosflocken bestreuen.

Tipp:

Zu dem Pflaumen-Gugelhupf schmeckt eine cremige Vanillesoße: 400 ml Milch mit 3 Esslöffeln Zucker und dem ausgekratzten Mark einer Vanilleschote aufkochen. 2 Eier schaumig rühren, 200 ml süße Sahne und 1 Teelöffel Speisestärke dazugeben und alles kräftig schlagen. Dann die Sahne-Eier-Mischung in die kochende Milch rühren und kurz aufkochen lassen. Die Vanillesoße warm oder kalt zu dem Pflaumen-Gugelhupf servieren.

Pflaumen-Gugelhupf

95 Minuten

Zutaten:

Für 1 Gugelhupfform (22 cm Durchmesser)

500 g Pflaumen
250 g weiche Butter oder Margarine
200 g Zucker
1 Päckchen Vanillezucker
1 TL Zimt
4 Eier
300 g Mehl
1 Päckchen Backpulver
100 ml Milch

Außerdem:

Fett und Mehl für die Form
Puderzucker zum Bestäuben

Zubereitung:

1. Den Backofen auf 175 °C (Umluft 155 °C) vorheizen. Eine Gugelhupfform einfetten und mit Mehl ausstäuben.

2. Die Pflaumen waschen, mit einem Tuch trocken reiben, halbieren und entsteinen.

3. Die Butter oder Margarine mit dem Zucker, dem Vanillezucker und dem Zimt cremig rühren. Die Eier trennen und nach und nach die Eigelbe unterrühren. Das Mehl und das Backpulver sieben und abwechselnd mit der Milch unter den Teig rühren.

4. Die Eiweiße steif schlagen und vorsichtig unter den Teig heben. Den Teig zu 2/3 in die vorbereitete Gugelhupfform füllen. Die Pflaumen auf den Teig legen und mit dem restlichen Teig bedecken.

5. Den Gugelhupf im vorgeheizten Backofen ca. 60 Minuten backen. Der Kuchen ist fertig, wenn die Stäbchenprobe gelingt: An einem in den Teig gesteckten Holzstäbchen darf nach dem Herausziehen kein Teig mehr kleben bleiben. Dann den Kuchen aus dem Ofen nehmen und in der Form ca. 15 Minuten abkühlen lassen. Vorsichtig auf ein Kuchengitter stürzen und mit Puderzucker bestäuben.

Zitronen-Gugelhupf

Zutaten:

Für 1 Gugelhupf- oder Napfkuchenform (22 cm Durchmesser)

2 unbehandelte Zitronen
250 g weiche Butter oder Margarine
250 g Zucker
1 Päckchen Vanillezucker
1 Prise Salz
4 Eier
350 g Mehl
2 TL Backpulver

Für den Guss:
100 g Puderzucker
2–3 EL Zitronensaft

Außerdem:
Fett und Mehl für die Form

Zubereitung:

1. Den Backofen auf 175 °C (Umluft 155 °C) vorheizen. Die Form einfetten und mit Mehl ausstreuen.

2. Die Zitronen heiß abwaschen, die Schale abreiben und die Zitronenhälften auspressen.

3. Die Butter oder Margarine mit dem Zucker, dem Vanillezucker und dem Salz cremig rühren. Die Eier nach und nach dazugeben und alles schaumig schlagen. Den Zitronensaft und die Zitronenschale unterrühren. Das Mehl und das Backpulver vermischen und dazugeben. Nur so lange verrühren, bis alles vermischt ist.

4. Den Teig in die Form füllen und im vorgeheizten Backofen 45–50 Minuten backen. Der Kuchen ist fertig, wenn die Stäbchenprobe gelingt: An einem in die Teigoberfläche gesteckten Holzstäbchen darf nach dem Herausziehen kein Teig mehr kleben bleiben.

5. Den Gugelhupf in der Form etwas abkühlen lassen und dann auf ein Kuchengitter stürzen. Für den Guss den Puderzucker mit so viel Zitronensaft verrühren, dass ein dickflüssiger Guss entsteht und den Kuchen damit bestreichen. Nach Belieben mit Zitronenfilets und Kräutern dekorieren.

Mandarinen-Gugelhupf

90 Minuten

Zutaten:

Für 1 Gugelhupfform (22 cm Durchmesser)

2 Dosen Mandarinen (à 314 ml)
250 g weiche Butter oder Margarine
200 g Zucker
1 Päckchen Vanillezucker
1 Prise Salz
5 Eier
500 g Mehl
1 Päckchen Backpulver
100 ml Milch
1 TL abgeriebene Schale einer unbehandelten Orange

Außerdem:
Fett und Mehl für die Form
1 Töpfchen Schokoladenglasur
25 g gehackte Pistazienkerne

Zubereitung:

1. Den Backofen auf 175 °C (Umluft 155 °C) vorheizen. Eine Gugelhupfform einfetten und mit Mehl ausstäuben. Die Mandarinen in einem Sieb abtropfen lassen.

2. Die Butter oder die Margarine mit dem Zucker, dem Vanillezucker und dem Salz cremig rühren. Die Eier nach und nach dazugeben und alles schaumig schlagen. 450 g Mehl mit dem Backpulver vermischen und zusammen mit der Milch und der Orangenschale ebenfalls dazugeben und gut verrühren. Die Mandarinen mit dem restlichen Mehl bestäuben und vorsichtig unter den Teig heben.

3. Den Teig in die Gugelhupfform füllen und glatt streichen. Im vorgeheizten Backofen ca. 60 Minuten backen. Der Kuchen ist fertig, wenn die Stäbchenprobe gelingt: An einem in den Teig gesteckten Holzstäbchen darf nach dem Herausziehen kein Teig mehr kleben bleiben. Den Kuchen in der Form auskühlen lassen und dann auf ein Kuchengitter stürzen.

4. Die Schokoladenglasur nach Packungsanweisung im Wasserbad erhitzen und die Glasur über den Kuchen verteilen. Die Pistazienkerne darüberstreuen, solange der Guss noch nicht fest ist.

Donauwellen-Gugelhupf

Zutaten:

Für 1 Gugelhupfform (22 cm Durchmesser)

1 Glas Schattenmorellen (720 ml)
250 g weiche Butter oder Margarine
1 Päckchen Vanillezucker
250 g Zucker
6 Eier
300 g Mehl
2 TL Backpulver
3 EL Kakao
2 EL Milch

Für die Glasur:

1 Töpfchen dunkle Schokoladenglasur

Außerdem:

Fett und Mehl für die Form

Zubereitung:

1. Den Backofen auf 175 °C (Umluft 155 °C) vorheizen. Eine Gugelhupfform einfetten und mit Mehl ausstäuben. Die Schattenmorellen in einem Sieb abtropfen lassen.

2. Die Butter mit dem Vanillezucker und dem Zucker cremig rühren. Die Eier nach und nach unterrühren und alles schaumig schlagen. Das Mehl mit dem Backpulver sieben und unter den Teig rühren.

3. Den Teig in zwei Hälften teilen und die eine Hälfte mit dem Kakaopulver und der Milch verrühren. Abwechselnd hellen Teig, dunklen Teig und Kirschen in die Form füllen und mit einer Schicht hellem Teig abschließen.

4. Den Gugelhupf im vorgeheizten Backofen ca. 60 Minuten backen. Falls er zu dunkel wird, zwischendurch mit Folie abdecken. Der Kuchen ist fertig, wenn die Stäbchenprobe gelingt: An einem in den Teig gesteckten Holzstäbchen darf nach dem Herausziehen kein Teig mehr kleben bleiben. Den Kuchen in der Form abkühlen lassen und dann vorsichtig auf ein Kuchengitter stürzen.

5. Die Schokoladenglasur im Wasserbad schmelzen lassen und über dem Donauwellen-Gugelhupf verteilen.

Tipp:

Wenn die Donauwelle etwas üppiger ausfallen darf, können Sie den Gugelhupf nach dem Backen und Auskühlen vorsichtig quer durchschneiden und mit einer hellen Buttercreme (s. S. 52) füllen. Wieder zusammensetzen und erst dann mit der Schokoglasur überziehen.

Apfel-Walnuss-Gugelhupf

90 Minuten

Zutaten:

Für 1 Gugelhupfform (22 cm Durchmesser)

2 Äpfel (z. B. Boskop)
1 EL Zitronensaft
200 g weiche Butter oder Margarine
180 g Zucker
1 Päckchen Vanillezucker
1 Prise Salz
3 Eier
1 TL Zimt
1 TL abgeriebene Schale einer unbehandelten Zitrone
250 g Mehl
1 TL Backpulver
100 g gemahlene Walnüsse

Außerdem:

Fett und Mehl für die Form
Puderzucker zum Bestäuben

Zubereitung:

1. Den Backofen auf 180 °C (Umluft 160 °C) vorheizen. Die Äpfel schälen, halbieren, vom Kerngehäuse befreien und grob raspeln. Mit Zitronensaft beträufeln, damit sie nicht braun werden.

2. Die Butter oder die Margarine mit dem Zucker, dem Vanillezucker und dem Salz cremig rühren. Die Eier nach und nach dazugeben und einige Minuten schaumig schlagen. Den Zimt und die Zitronenschale unterrühren. Das Mehl mit dem Backpulver und den gemahlenen Walnüssen vermischen und ebenfalls unterrühren. Die geraspelten Äpfel unter den Teig heben.

3. Eine Gugelhupfform fetten und mit Mehl ausstäuben. Den Teig in die Form füllen und glatt streichen. Im vorgeheizten Backofen 50–60 Minuten backen. Der Kuchen ist fertig, wenn die Stäbchenprobe gelingt: An einem in den Teig gesteckten Holzstäbchen darf nach dem Herausziehen kein Teig mehr kleben bleiben.

4. Den Kuchen in der Form auskühlen lassen, auf ein Kuchengitter stürzen und mit Puderzucker bestäuben.

Tipp:

Nehmen Sie für diesen Kuchen säuerliche Äpfel. Am besten zum Backen geeignet sind Boskop und Gravensteiner. Wenn Sie mehr Biss möchten, können Sie statt gemahlenen Walnüssen auch gehackte Nüsse untermischen.

Schwarzwälder-Kirsch-Gugelhupf

100 Minuten

Zutaten:

Für 1 Gugelhupfform (22 cm Durchmesser)

220 g weiche Butter oder Margarine
250 g Zucker
1 Päckchen Vanillezucker
1 Prise Salz
1 EL Kirschwasser
5 Eier

370 g Mehl
1 Päckchen Backpulver
125 ml süße Sahne
300 g Sauerkirschen (aus dem Glas)
100 g dunkle Schokolade

Für die Dekoration:

2 Töpfchen dunkle Schokoladenglasur
125 ml süße Sahne
1 Päckchen Sahnesteif

Außerdem:

Fett und Mehl für die Form

Zubereitung:

1. Den Backofen auf 180 °C (Umluft 160 °C) vorheizen. Die Butter oder die Margarine mit dem Zucker, dem Vanillezucker, dem Salz und dem Kirschwasser cremig schlagen. Die Eier trennen, die Eigelbe nach und nach dazugeben und gut unterrühren. Das Mehl und das Backpulver sieben und abwechselnd mit der Sahne unter die Masse rühren.

2. Die Eiweiße zu Eischnee schlagen. Die Kirschen durch ein Sieb abgießen und dabei den Saft auffangen. Den Eischnee zusammen mit 2 Esslöffeln des Kirschsafts unter den Teig heben. Die Schokolade raspeln und ebenfalls unterheben. Von den Kirschen 8 Stück zur Seite legen und die restlichen unter den Teig mischen.

3. Eine Gugelhupfform einfetten und mit Mehl ausstäuben. Den Teig in die Form füllen und glatt streichen. Im vorgeheizten Backofen ca. 60 Minuten backen. Der Kuchen ist fertig, wenn die Stäbchenprobe gelingt: An einem in den Teig gesteckten Holzstäbchen darf nach dem Herausziehen kein Teig mehr kleben bleiben.

4. Den Kuchen in der Form auskühlen lassen und dann auf ein Kuchengitter stürzen. Die Glasur im Wasserbad schmelzen und den Gugelhupf damit überziehen. Die Sahne mit dem Sahnesteif steif schlagen und mit einem Spritzbeutel 8 Tupfen auf den Kuchen spritzen. Am Schluss auf jeden Sahnetupfen eine Kirsche setzen.

Tipp:

Damit die Sahnetupfen nicht vom Kirschsaft aufgeweicht werden, können Sie die Kirschen glasieren: Dafür benötigen Sie 100 ml Kirschsaft, 1 TL Speisestärke und ½ TL Zucker. Rühren Sie die Speisestärke mit dem Zucker und ein wenig von dem Kirschsaft glatt. Kochen Sie den restlichen Saft auf und rühren Sie die Stärke ein. Tauchen Sie die Kirschen einzeln in die Mischung ein, lassen Sie sie dann trocknen und verzieren Sie den Gugelhupf damit.

Eierlikör-Gugelhupf

85 Minuten

Zutaten:

Für 1 Gugelhupfform (22 cm Durchmesser)

5 Eier
200 g Puderzucker
1 Päckchen Vanillezucker
200 ml Sonnenblumenöl
250 ml Eierlikör
125 g Mehl
125 g Speisestärke
1 Päckchen Backpulver

Für die Dekoration:
100 ml Eierlikör
50 g Schokoraspel

Außerdem:
Fett und Mehl für die Form
Puderzucker zum Bestäuben

Zubereitung:

1. Den Backofen auf 180 °C (Umluft 160 °C) vorheizen. Eine Gugelhupfform einfetten und mit Mehl ausstäuben.

2. Die Eier mit dem Puderzucker und dem Vanillezucker cremig rühren. Nach und nach das Öl hineinfließen lassen und verrühren. Dann den Eierlikör dazugeben und unterrühren. Das Mehl mit der Speisestärke und dem Backpulver vermischen und ebenfalls unterrühren.

3. Den Teig in die vorbereitete Form füllen und den Gugelhupf im vorgeheizten Backofen ca. 50 Minuten backen. Der Kuchen ist fertig, wenn die Stäbchenprobe gelingt: An einem in den Teig gesteckten Holzstäbchen darf nach dem Herausziehen kein Teig mehr kleben bleiben. Dann den Kuchen aus dem Ofen nehmen und in der Form ca. 15 Minuten abkühlen lassen. Vorsichtig auf ein Kuchengitter stürzen. Den Gugelhupf mit etwas Puderzucker bestäuben, mit dem Eierlikör bestreichen und mit den Schokoraspeln bestreuen.

Tipp:

Selbst gemacht schmeckt der Eierlikör noch besser:

8 ganz frische Eigelbe in einer Metallschüssel mit 1 Päckchen Vanillezucker verrühren. 250 g Puderzucker, 1 Dose 7,5%ige Kondensmilch (340 ml) und 250 ml weißen Rum unterrühren. Im heißen Wasserbad mit dem Handrührgerät ca. 5 Minuten cremig schlagen. Abkühlen lassen, in Flaschen füllen und gut verschließen. Im Kühlschrank hält sich der Eierlikör ca. 4 Wochen.

Schoko-Gugelhupf mit Rotwein

90 Minuten

Zutaten:

Für 1 Gugelhupfform (24 cm Durchmesser)

5 Eier
1 Prise Salz
300 g Butter
250 g Zucker
1 Päckchen Vanillezucker
2 TL Zimt
2 TL Kakaopulver
150 g Schokoladenraspel
375 g Mehl
1 Päckchen Backpulver
¼ l Rotwein

Außerdem:
Fett und Mehl für die Form
1 Töpfchen Schokoladenglasur
Schokoladenstreusel zum Bestreuen

Zubereitung:

1. Den Backofen auf 180 °C (Umluft 160 °C) vorheizen. Eine Gugelhupfform gut einfetten und mit etwas Mehl ausstreuen.

2. Die Eier trennen und die Eiweiße mit dem Salz zu Eischnee schlagen.

3. Die Butter in einer großen Rührschüssel cremig rühren, den Zucker und den Vanillezucker dazugeben und alles gut verrühren.

4. Jetzt den Zimt, das gesiebte Kakaopulver und die Schokoladenraspel unterrühren. Das Mehl mit dem Backpulver vermischen, sieben, abwechselnd mit dem Rotwein hinzufügen und zuletzt den Eischnee unter die Masse heben.

5. Den Teig in die vorbereitete Gugelhupfform füllen und im vorgeheizten Backofen ca. 1 Stunde backen.

6. Kurz vor Ablauf der Backzeit die Stäbchenprobe machen: Der Kuchen ist fertig, wenn an einem in die Teigoberfläche gesteckten Stäbchen kein Teig mehr kleben bleibt. Den Kuchen in der Form abkühlen lassen und dann auf ein Kuchengitter stürzen.

7. Die Schokoladenglasur nach Packungsanweisung im heißen Wasserbad schmelzen lassen, den Kuchen damit überziehen und mit Schokoladenstreuseln bestreuen.

Tipp:

Probieren Sie doch einmal eine etwas ungewöhnlichere, aber sehr dekorative Gussvariante: Überziehen Sie den Gugelhupf zuerst mit der Schokoladenglasur. Anstatt der Schokostreusel wird dann weiße Kuvertüre geschmolzen und in einen kleinen Gefrierbeutel gefüllt. Schneiden Sie eine kleine Ecke ab und verzieren Sie die dunkle Schokoglasur mit einem hellen Linienmuster.

Gugelhupf mit Haselnusslikör

Zutaten:

Für 1 Gugelhupfform (22 cm Durchmesser)

250 g weiche Butter oder Margarine
275 g Zucker
1 Päckchen Vanillezucker
1 Prise Salz
6 Eier
300 g gemahlene Haselnüsse
100 g gehackte Haselnüsse
250 g Mehl
1 Päckchen Backpulver
6 EL Haselnusslikör

Außerdem:

Fett und Mehl für die Form
Puderzucker zum Bestäuben

Zubereitung:

1. Den Backofen auf 175 °C (Umluft 155 °C) vorheizen. Die Butter oder die Margarine mit dem Zucker, dem Vanillezucker und dem Salz cremig schlagen. Die Eier nach und nach dazugeben und gut verrühren. In einer anderen Schüssel die Haselnüsse (1 Esslöffel gehackte Nüsse zurückbehalten), das Mehl und das Backpulver vermischen. Die Mehl-Nuss-Mischung zusammen mit dem Haselnusslikör unter die Butter-Eier-Zucker-Mischung rühren.

2. Eine Gugelhupfform fetten und mit Mehl ausstäuben. Den Teig in die Form füllen und glatt streichen. Im vorgeheizten Backofen ca. 60 Minuten backen. Der Kuchen ist fertig, wenn die Stäbchenprobe gelingt: An einem in den Teig gesteckten Holzstäbchen darf nach dem Herausziehen kein Teig mehr kleben bleiben.

3. Den Kuchen in der Form auskühlen lassen und dann auf ein Kuchengitter stürzen. Mit Puderzucker bestäuben und mit den restlichen Haselnüssen bestreuen.

Tipp:

Besonders aromatisch werden die Haselnüsse, wenn Sie sie vor dem Mahlen rösten: Verwenden Sie dafür anstatt der gemahlenen und gehackten Haselnüsse ganze Nüsse und rösten Sie diese bei 140 °C 15–20 Minuten im Backofen. Reiben Sie dann mit einem Küchentuch die Schale ab und mahlen bzw. hacken Sie die Nüsse.

90 Minuten*

Zimtschnecken-Gugelhupf

Zutaten:

Für 1 Gugelhupfform (22 cm Durchmesser)

500 g Mehl
1 Würfel frische Hefe
120 g Zucker
2 Eier
120 g weiche Butter oder Margarine
1 Prise Salz
150 ml lauwarme Milch

Für die Füllung:
4 Eiweiß
100 g Zucker
1 EL Zimt
200 g gemahlene Mandeln

Für den Guss:
200 g Puderzucker
2–3 EL Zitronensaft

Außerdem:
Fett und Mehl für die Form
Mandelblättchen zum Bestreuen

Zubereitung:

1. In einer großen Schüssel 150 g Mehl, die Hefe und 2 Esslöffel Zucker in 150 ml lauwarmem Wasser verrühren. Abdecken und ca. 30 Minuten gehen lassen. Der Vorteig sollte an einem warmen Ort ohne Zugluft stehen.

2. Den restlichen Zucker, die Eier, die Butter oder Margarine, das Salz, das restliche Mehl und die Milch mit dem Vorteig verrühren und alles ca. 10 Minuten lang gut kneten. Wenn der Teig an den Fingern klebt, noch etwas Mehl hinzufügen. Weitere 30 Minuten gehen lassen.

3. Für die Füllung die Eiweiße steif schlagen und dabei den Zucker und den Zimt einrieseln lassen. Anschließend vorsichtig die gemahlenen Mandeln unterheben.

4. Auf einer bemehlten Arbeitsfläche den Hefeteig erneut kneten. Zu einem Rechteck ausrollen (ca. 40 x 50 cm), die Füllung darauf verteilen und den Teig von der längeren Seite her aufrollen.

* Plus ca. 90 Minuten Gehzeit für den Teig.

5. Die gefüllte Teigrolle in 5–6 Stücke schneiden. Eine Gugelhupfform einfetten und mit Mehl ausstreuen. Die Teigstücke mit der Schneidefläche nach oben in die Form legen und noch einmal ca. 30 Minuten gehen lassen.

6. Den Backofen auf 180 °C (Umluft 160 °C) vorheizen und den Gugelhupf auf mittlerer Schiene ca. 40 Minuten backen. In der Form abkühlen lassen und dann vorsichtig auf ein Kuchengitter stürzen.

7. Den Puderzucker mit so viel Zitronensaft verrühren, dass ein zähflüssiger Guss entsteht. Den Guss über den Gugelhupf gießen und nach Belieben mit Mandelblättchen bestreuen.

Frankfurter Kranz

120 Minuten

Zutaten:

Für 1 Gugelhupfform (22 cm Durchmesser)

5 Eier
200 g Zucker
125 g Mehl
125 g Speisestärke
1 Msp. Backpulver
125 g Butter
1 Prise Salz

Für den Krokant:
250 g Zucker
100 g gehobelte Mandeln

Für die Buttercreme:
250 ml Milch
½ Päckchen Puddingpulver Vanille
1 EL Zucker
400 g Butter
200 g Puderzucker

Außerdem:
Fett und Mehl für die Form
16 Belegkirschen zum Verzieren

Zubereitung:

1. Den Backofen auf 180 °C (Umluft 160 °C) vorheizen. Eine Gugelhupfform einfetten und mit Mehl ausstäuben.

2. Die Eier aufschlagen und mit dem Zucker in einem Topf verrühren. Unter Rühren mit dem Schneebesen auf kleiner Flamme handwarm erwärmen. Die Eiermasse in der Küchenmaschine oder mit dem Handrührgerät so lange schaumig schlagen, bis sie steif wird.

3. Das Mehl mit der Speisestärke und dem Backpulver sieben. Die Butter schmelzen. Die gesiebte Mehlmischung und das Salz mit einem Kochlöffel sehr vorsichtig unter die Eimasse heben. Anschließend die flüssige Butter ebenso vorsichtig unterrühren.

4. Die Teigmasse in die vorbereitete Form füllen und im vorgeheizten Backofen ca. 50 Minuten backen. In der Form abkühlen lassen und dann vorsichtig aus der Form lösen.

5. Für den Krokant den Zucker in einer Kasserolle nach und nach auf heißer Flamme schmelzen. Wenn die Masse flüssig ist, die Mandeln einrühren. Den heißen Krokant sofort auf einem eingefetteten Brett oder Blech so flach wie möglich ausstreichen.

6. Für die Buttercreme zuerst aus der Milch, dem Puddingpulver und dem Zucker nach Packungsanweisung einen Vanillepudding zubereiten. Dann die Butter mit dem Puderzucker cremig rühren und den abgekühlten Vanillepudding langsam einrühren.

7. Den ausgekühlten Kuchen zweimal horizontal durchschneiden. Jede Lage mit Buttercreme bestreichen, den Kuchen wieder zusammensetzen und dann von außen ebenfalls mit Creme bestreichen. Etwas Creme für die Rosetten zurückbehalten.

8. Den ausgekühlten Krokant mit einem Nudelholz zerkleinern. Den Kranz damit bestreuen. Die restliche Buttercreme in einen Spritzbeutel füllen, die Rosetten aufspritzen und mit den Belegkirschen dekorieren.

Zutaten:

Für 1 Gugelhupfform (22 cm Durchmesser)

500 g Mehl
1 Würfel Hefe
80 g Zucker
½ TL Salz
200 ml lauwarme Milch
100 g weiche Butter oder Margarine
2 Eier

Für die Füllung:
1 Päckchen Puddingpulver Vanille
2 EL Zucker
500 ml Milch
250 g weiche Butter

Außerdem:
Fett und Mandelblättchen für die Form
Puderzucker und Mandelblättchen zum Bestreuen

95 Minuten*

Bienenstich-Gugelhupf

Zubereitung:

1. Das Mehl in eine Rührschüssel geben und eine Vertiefung in die Mitte drücken. Die zerbröckelte Hefe mit dem Zucker, dem Salz und 3 Esslöffeln der lauwarmen Milch vermischen, in die Vertiefung gießen und mit etwas des umgebenden Mehls verrühren. Den Vorteig zugedeckt ca. 20 Minuten an einem warmen Ort gehen lassen.

2. Die restliche Milch mit der Butter und den Eiern verrühren und zu dem Vorteig geben. Alles so lange kneten, bis sich der Teig vom Schüsselrand löst. Dann weitere 30 Minuten gehen lassen.

3. Die Gugelhupfform einfetten und mit Mandelblättchen ausstreuen. Den Teig in die Form füllen und erneut 30 Minuten gehen lassen. Den Backofen auf 180 °C (Umluft 160 °C) vorheizen und den Gugelhupf ca. 40 Minuten backen. In der Form abkühlen lassen und dann vorsichtig auf ein Kuchengitter stürzen.

4. Für die Füllung das Puddingpulver mit dem Zucker und 3 Esslöffeln der Milch verrühren. Die restliche Milch erhitzen und die Puddingpulvermischung unter ständigem Rühren dazugeben. Abkühlen lassen. Die weiche Butter mit dem Handrührgerät cremig rühren und dann esslöffelweise den auf Zimmertemperatur abgekühlten Pudding dazugeben.

5. Den Gugelhupf vorsichtig horizontal 2-mal durchschneiden, die untere und die mittlere Lage mit der Füllung bestreichen und die obere Lage wieder daraufsetzen. Mit Puderzucker bestäuben und mit Mandelblättchen bestreuen.

* Plus ca. 80 Minuten Gehzeit für den Teig.

Tipp:

Eine köstliche Variante dieses Gugelhupfs: Legen Sie auf die unterste Teigschicht Birnenhälften und füllen Sie dann erst die Quarkmasse ein. Sie können Birnen aus der Dose verwenden oder frische. Frische Birnen sollten reif und weich sein und müssen geschält werden.

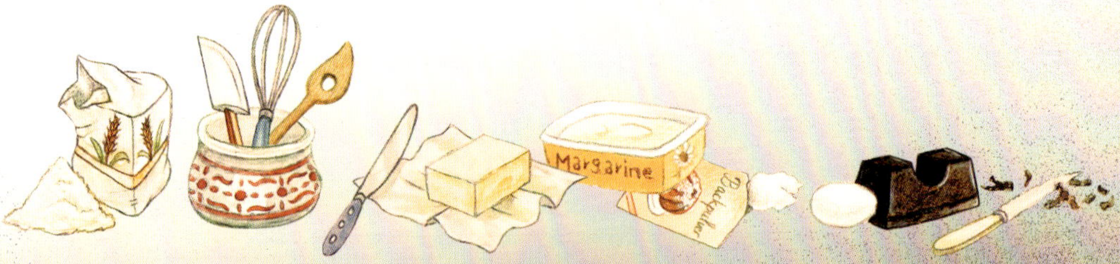

Schoko-Gugelhupf mit Quarkfüllung

110 Minuten

Zutaten:

Für 1 Gugelhupfform (22 cm Durchmesser)

150 g Zartbitterschokolade
(mind. 50 % Kakaogehalt)
250 g weiche Butter oder Margarine
250 g Zucker
1 Päckchen Vanillezucker
4 Eier
350 g Mehl
4 EL Kakaopulver
2 TL Backpulver
120 ml Milch

Für die Quarkfüllung:
2 Eier
80 g Zucker
2 Päckchen Vanillezucker
500 g Magerquark
½ Päckchen Puddingpulver Vanille

Außerdem:
Fett und Mehl für die Form
Puderzucker zum Bestäuben

Zubereitung:

1. Den Backofen auf 175 °C (Umluft 155 °C) vorheizen. Eine Gugelhupfform einfetten und mit Mehl ausstäuben. Die Schokolade in einem Topf im heißen Wasserbad schmelzen und abkühlen lassen.

2. Die Butter oder Margarine mit dem Zucker und dem Vanillezucker cremig rühren. Die Eier nach und nach hinzufügen und alles schaumig schlagen. Dann die Schokolade unterrühren. Das Mehl, das Kakaopulver und das Backpulver vermischen und zusammen mit der Milch unter den Teig rühren.

3. Für die Quarkfüllung die Eier mit dem Zucker und dem Vanillezucker schaumig schlagen und dann den Quark und das Puddingpulver untermischen.

4. ⅔ des Teiges in die vorbereitete Form füllen und am Rand etwas hochdrücken. Dann die Quarkmasse einfüllen und mit dem restlichen Teig bedecken. Den Gugelhupf im vorgeheizten Backofen ca. 60 Minuten backen. Den Kuchen in der Form ca. 20 Minuten abkühlen lassen, vorsichtig auf ein Kuchengitter stürzen und mit Puderzucker bestäuben.

Quitten-Mandel-Gugelhupf

90 Minuten*

Zutaten:

Für 1 Gugelhupfform (22 cm Durchmesser)

500 g Mehl
1 Würfel Hefe
80 g Zucker
½ TL Salz
200 ml lauwarme Milch
100 g weiche Butter oder Margarine
1 Päckchen Vanillezucker
1 Ei

Für die Füllung:
50 g Butter
6 EL Quittengelee
100 g gemahlene Mandeln
1 EL brauner Zucker

Außerdem:
Fett und Mehl für die Form
Puderzucker zum Bestäuben

Zubereitung:

1. Das Mehl in eine Rührschüssel geben und eine Vertiefung in die Mitte drücken. Die Hefe zerbröckeln und mit dem Zucker, dem Salz und 3 Esslöffeln von der lauwarmen Milch mischen, in die Vertiefung gießen und mit etwas von dem umgebenden Mehl verrühren. Den Vorteig zugedeckt ca. 20 Minuten an einem warmen Ort gehen lassen.

2. Die restliche Milch mit der Butter, dem Vanillezucker und dem Ei verrühren und zu dem Vorteig geben. Alles so lange kneten, bis sich der Teig vom Schüsselrand löst. Dann weitere 30 Minuten gehen lassen.

3. Für die Füllung die Butter schmelzen und das Quittengelee, die Mandeln und den Zucker unterrühren.

4. Die Gugelhupfform einfetten und mit Mehl ausstäuben. Den Teig auf einer bemehlten Arbeitsfläche quadratisch ausrollen (ca. 30 x 30 cm) und die Füllung darauf verteilen. Den Teig aufrollen, in die Form legen und erneut 30 Minuten gehen lassen. Den Backofen auf 180 °C (Umluft 160 °C) vorheizen.

5. Den Gugelhupf ca. 40 Minuten backen. Eventuell nach der Hälfte der Backzeit mit Backpapier abdecken, damit der Kuchen nicht zu dunkel wird. Nach Ende der Backzeit den Gugelhupf in der Form abkühlen lassen, vorsichtig auf ein Kuchengitter stürzen und mit Puderzucker bestäuben.

* Plus ca. 80 Minuten Gehzeit für den Teig.

90 Minuten

Gugelhupf mit Marmelade

Zutaten:

Für 1 Gugelhupfform (22 cm Durchmesser)

200 g weiche Butter oder Margarine
200 g Zucker
1 Päckchen Vanillezucker
1 Prise Salz
5 Eier
250 g Mehl
120 g Weichweizengrieß
1 Päckchen Backpulver
120 ml Milch
1 Glas Kirsch-Konfitüre (ca. 350 g)

Außerdem:

Fett und Mehl für die Form
Puderzucker zum Bestäuben

Zubereitung:

1. Den Backofen auf 175 °C (Umluft 155 °C) vorheizen. Eine Gugelhupfform einfetten und mit Mehl ausstäuben.

2. Die Butter oder Margarine mit dem Zucker, dem Vanillezucker und dem Salz cremig rühren. Die Eier nach und nach hinzufügen und alles schaumig schlagen. Das Mehl, den Grieß und das Backpulver vermischen und abwechselnd mit der Milch unter den Teig rühren.

3. ⅓ des Teiges in die vorbereitete Form füllen und glatt streichen. Von der Kirsch-Konfitüre 4 EL abnehmen und zurückbehalten, den Rest auf dem Teig verteilen. Den restlichen Teig darübergeben und erneut glatt streichen.

4. Den Gugelhupf im vorgeheizten Backofen ca. 50 Minuten backen. Der Kuchen ist fertig, wenn die Stäbchenprobe gelingt: An einem in den Teig gesteckten Holzstäbchen darf nach dem Herausziehen kein Teig mehr kleben bleiben. Dann den Kuchen aus dem Ofen nehmen und in der Form ca. 10 Minuten abkühlen lassen. Vorsichtig auf ein Kuchengitter stürzen, mit Puderzucker bestäuben und mit der restlichen Konfitüre bestreichen.

Gugelhupf mit Mohnfüllung

100 Minuten*

Zutaten:

Für 1 Gugelhupfform (22 cm Durchmesser)

500 g Mehl
1 Würfel Hefe
80 g Zucker
1 Prise Salz
200 ml lauwarme Milch
100 g weiche Butter
oder Margarine
2 Eier

Für die Füllung:
50 g Rosinen
2 EL Rum
200 ml Milch
200 g gemahlener Mohn
20 g Grieß
100 g Zucker

Außerdem:
Fett und Mandelblättchen
für die Form
Puderzucker zum Bestäuben
und Mandelblättchen zum
Bestreuen

Zubereitung:

1. Das Mehl in eine Rührschüssel geben und eine Vertiefung in die Mitte drücken. Die Hefe zerbröckeln und mit dem Zucker, dem Salz und 3 Esslöffeln von der lauwarmen Milch mischen, in die Vertiefung gießen und mit etwas von dem umgebenden Mehl verrühren. Den Vorteig zugedeckt ca. 20 Minuten an einem warmen Ort gehen lassen.

2. Die restliche Milch mit der Butter und den Eiern verrühren und zu dem Vorteig geben. Alles so lange kneten, bis sich der Teig vom Schüsselrand löst. Dann weitere 30 Minuten gehen lassen.

3. Für die Füllung die Rosinen in dem Rum einweichen. Die Milch aufkochen. Den Mohn mit dem Grieß vermischen und mit der Milch übergießen. Die Rosinen und den Zucker unterrühren und die Masse ca. 15 Minuten quellen lassen.

4. Die Gugelhupfform einfetten und mit Mehl ausstäuben. Den Teig auf einer bemehlten Arbeitsfläche quadratisch ausrollen (ca. 30 x 30 cm) und die Mohnfüllung darauf verteilen. Den Teig aufrollen, in die Form legen und erneut 30 Minuten gehen lassen. Den Backofen auf 200 °C (Umluft 180 °C) vorheizen.

5. Den Gugelhupf im vorgeheizten Backofen ca. 35 Minuten backen. In der Form abkühlen lassen und dann vorsichtig auf ein Kuchengitter stürzen. Mit Puderzucker bestäuben und mit Mandelblättchen bestreuen.

* Plus ca. 80 Minuten Gehzeit für den Teig.

Kürbis-Gugelhupf

120 Minuten*

Zutaten:

Für 1 Gugelhupfform (22 cm Durchmesser)

800 g Hokkaido-Kürbis
125 ml Gemüsebrühe
2 Zwiebeln
2 Knoblauchzehen
6 EL Olivenöl
100 g Schinkenwürfel
100 g gehackte Mandeln
½ TL getrockneter Thymian
700 g Mehl
2 TL Salz
1 Würfel Hefe
1 Prise Zucker
50 g weiche Butter
1 Ei

Außerdem:
Fett und Mehl für die Form
gehackte Kräuter und gehobelter Parmesan nach Belieben

Zubereitung:

1. Den Hokkaido waschen, putzen und in Stücke schneiden. Mit der Gemüsebrühe zugedeckt ca. 30 Minuten weich kochen. Dann die Kürbisstücke in ein Sieb abgießen und pürieren. Lauwarm abkühlen lassen.

2. Die Zwiebeln und den Knoblauch abziehen und fein hacken. In einer Pfanne 2 Esslöffel Olivenöl erhitzen und die Schinkenwürfel und die gehackten Mandeln darin kurz anrösten. Die gehackten Zwiebeln und den Knoblauch dazugeben, alles andünsten und mit Thymian würzen.

3. Das Mehl mit dem Salz in eine Rührschüssel geben. Die Hefe mit dem lauwarmen Kürbispüree und dem Zucker vermischen und dazugeben. Die Butter, 4 Esslöffel Olivenöl und das Ei dazugeben und alles mit dem Knethaken des Handrührgeräts verrühren. Die Schinken-Zwiebel-Mischung hinzufügen und einarbeiten. An einem warmen Ort zugedeckt ca. 1,5 Stunden gehen lassen.

4. Die Gugelhupfform einfetten und mit Mehl ausstäuben. Den Teig hineingeben und erneut ca. 30 Minuten gehen lassen. Den Backofen auf 180 °C (Umluft 160 °C) vorheizen und den Gugelhupf ca. 60 Minuten backen. Nach Ende der Backzeit den Gugelhupf in der Form abkühlen lassen und dann vorsichtig auf ein Kuchengitter stürzen. Nach Belieben mit gehackten Kräutern und gehobeltem Parmesan bestreuen.

* Plus 2 Stunden Gehzeit für den Teig.

Tipp:

Je nach Saison können Sie den Kuchen auch mit anderen frischen Beeren garnieren, z.B. mit Cranberries oder Johannisbeeren. Auch Schokobohnen passen gut dazu.

Register

Genehmigte Lizenzausgabe
EDITION XXL GmbH
Industriestraße 19
64407 Fränkisch-Crumbach 2018
www.edition-xxl.de

Idee und Projektleitung: Sonja Sammüller
Layout, Satz und Umschlaggestaltung:
design cat GmbH

ISBN 978-3-89736-833-0

Bildnachweis
Wir danken folgenden Firmen für ihre freundliche Unterstützung:
Unilever Deutschland GmbH, Hamburg
– Mazola 14
– Mondamin 16

Shutterstock: Anastasia Voskresenskaya 35; Andrew Scherbackov 6–7, 10, 13–14, 16, 19–20, 22, 25, 27–28, 31–32, 35–36, 39, 41, 43–44, 47–48, 51, 53–54, 56, 59, 61–62, 64, 67–68, 70, 73, 75, 77, 79; borsmenta 4–5; de2marco 4; gkrphoto 4–5; Gow27 8, 11–12,15, 17–18, 21, 23–24, 26, 29–30, 33–34, 37–38, 40, 42, 45–46, 49–50, 52, 55, 57–58, 60, 63, 65–66, 69, 71–72, 74, 76, 78; hanabiyori 6; Lilly Trott_ 25; Marian Weyo 10; Michael Kraus 4; Nella.tif 4–7, 9–10, 14, 17–18, 20–22, 25–27, 32, 39–40, 43, 45, 47, 49, 54–56, 73, 75, 77, 79; O_ Schmidt 41; rontav 6; stoica ionela 4; Tatiana Vorona 5; Thomas Klee 5

Alle weiteren Fotos: design cat GmbH